Escrita por Elodie Thiébaut
Traducida por Marta Sánchez Hidalgo

El viejo y el mar

de Ernest Hemingway

ResumenExpress.com

ERNEST HEMINGWAY

ESCRITOR Y PERIODISTA AMERICANO

- **Nacido en Oak Park (Estados Unidos)**
- **Fallecido en 1961 en Ketchum (Estados Unidos)**
- **Algunas de sus obras**
  - *Fiesta* (1926), novela
  - *Adiós a las armas* (1929), novela
  - *El viejo y el mar* (1952), novela

Ernest Miller Hemingway (1899-1961) es un escritor americano nacido en una familia acomodada en Oak Park, Illinois (Estados Unidos). Al terminar sus estudios, trabaja como reportero. Más tarde, alentado por sus amigos, decide dedicarse a la literatura y publica su primera novela, Fiesta, que le conceden un gran éxito. Después participa en la guerra civil española, luego en el desembarco de Normandía como corresponsal de guerra. Diez años más tarde del fracaso de la novela Al otro lado del río y entre los árboles, publica El viejo y el mar (1952). Muchas de sus obras se han llevado a la televisión o al cine.

EL VIEJO Y EL MAR

EL RELATO DE UN COMBATE ÉPICO ENTRE UN VIEJO Y UN PEZ

- **Género:** novela
- **Edición de referencia:** Hemingway, Ernest. 1998. *El viejo y el mar.* Traducido por Lino Novas Calvo. Barcelona: Planeta
- **Primera edición:** 1952
- **Temáticas:** soledad, amistad, naturaleza, combate, valor, muerte

Con El viejo y el mar, último libro publicado en vida del autor, en 1952, consiguió el premio Pulitzer y el premio Nobel de Literatura.

En Cuba, un viejo pescador llamado Santiago no ha cazado ningún pez gordo desde hace 84 días. Aunque solía pescar en Gulf Stream con Manolín, un joven al que le transmite su técnica, los padres del joven le obligan a embarcarse en otro barco para cazar más peces. La mañana del día 85, al amanecer, Santiago se va solo, lejos de la costa, en busca de una gran pieza. Al mediodía, pesca un gran pez espada, contra el que libra un duro combate de tres días. Cuando finalmente vence al pez espada, los tiburones se comen al pez muerto y, cuando Santiago, agotado, llega al puerto, sólo quedan sus espinas.

RESUMEN

UN PESCADOR CON MALA SUERTE

La historia se desarrolla en Cuba, en un pueblo de pescadores. El autor describe la difícil vida de estos hombres. Sin embargo, hay una cierta solidaridad entre ellos. Ahí viven Santiago, un viejo pescador solitario y muy pobre que no ha cazado ningún pez gordo desde hace 84 días, y Manolín, un joven que ha aprendido a pescar con él. Todo el mundo piensa que Santiago tiene mala suerte y nadie cree en él, excepto Manolín, muy unido al viejo. El joven le acompañaba antes, pero sus padres, al considerar que el viejo estaba «salao» (Hemingway 1998, 7), lo embarcan «en otro bote que cogió tres buenos peces la primera semana » (Hemingway 1998, 7).

Cuando vuelve de la pesca, Manolín se esfuerza en consolar y cuidar de Santiago: le provee de cebos y le proporciona alimentos.

LA SALIDA AL MAR

Un día, decidido a conjurar la mala suerte, el viejo sale solo al mar. Pasa el puerto y se aleja de los otros pescadores que están cerca de la costa. Se dirige a «manchas de bonitos y albacoras» (Hemingway 1998, 31) donde cree que podrá coger un pez gordo. Pone los cebos antes del amanecer y vigila la posición de sus sedales. Sigue remando hacia el lugar de caza de un águila pescadora. Ahí, distingue «miríadas de lunares del plancton» (Hemingway 1998, 43), de lo que se alegra porque significa que está en una zona donde hay muchos peces. En efecto, pronto le rodean atunes que saltan por todas partes. Coge uno y decide guardarlo para usarlo como cebo, pero al final se ve forzado a comérselo. Luego, mientras sigue vigilando sus sedales, distingue que un corcho se hunde bruscamente. El viejo al acecho utiliza toda su experiencia para que el pez, que se está comiendo las sardinas, muerda el anzuelo. Finalmente, al mediodía, pesca un pez que resulta ser muy gordo.

UNA LUCHA TERRIBLE

Entonces empieza una verdadera lucha entre el pescador y el pez. El pez tira sin cesar del sedal y Santiago se ve obligado a dejar que su barca se desvíe hacia alta mar, mientras se va deshaciendo de los otros sedales que le molestan. Este combate le causa dolor físico: se hace daño en la mejilla y se corta la mano derecha; la mano izquierda se le irrita y en poco tiempo no podrá usarla; el sedal le corta la espalda. Entonces, Santiago pesca una dorada que se ve forzado a comer para tener energía y, después de haber tomado todas las precauciones necesarias para mantener el control de su sedal, se permite un pequeño descanso para recuperar fuerzas. Se duerme un momento, pero un fuerte dolor en la mano derecha lo despierta bruscamente: el pez espada salta varias veces fuera del agua y, con las sacudidas, Santiago se cae boca abajo en el barco. El viejo lo distingue al fin y se fija en que tiene un tamaño gigantesco. Pero la lucha continúa.

Al amanecer del tercer día, el pez espada comienza a moverse en círculos mientras se acerca regularmente a la superficie. El viejo pescador, agotado, se marea, pero resiste a fuerza de voluntad. Se esfuerza en llevar el pez espada lo más cerca posible de su barca. En un último esfuerzo, lo arponea dos veces y lo mata.

UNA VICTORIA CON SABOR A MAR

El pez es tan grande que acercarlo al barco es una tarea difícil. Para empezar, Santiago debe llevar su barca cerca del pez espada para amarrarla cabeza y la cola con la cuerda de un arpón. Luego se trata de fijarlo a lo largo del barco. Después de hacer este trabajo, el viejo se dispone a volver e iza el mástil y la bandera. El barco avanza a toda velocidad. El pescador pesca algunas gambas que se come y bebe el agua que le queda para conservar fuerzas. El viejo admira el pez al que no le quita los ojos de encima y se pregunta si sueña.

Pero, de pronto, distingue un tiburón que sigue la estela de la barca y se da cuenta del peligro que lo acecha. Cuando el tiburón ataca al pez espada, el pescador le lanza su arpón a la cabeza, pero el depredador se debate y alcanza la cuerda, después se hunde llevándose el arpón. Dos horas más tarde, Santiago distingue otros dos tiburones que se acercan: arma un remo con su cuchillo y consigue matarlos. Un cuarto muerde entonces al pez espada: el viejo consigue matarlo también, pero la hoja de su cuchillo se rompe. En ese momento, dos nuevos tiburones surgen, luego muchos otros. A pesar de su valor, el viejo no consigue evitar que se coman el pez espada, y en poco tiempo sólo quedan las espinas del gran pez. Santiago llega dormido al puerto en medio de la noche. Iza el mástil y la vela. Se cae varias veces antes de llegar a su cabaña. Agotado, se tumba en la cama y se duerme.

Después del episodio del mar, como cada día, Manolín va a casa de Santiago. Ve que el viejo respira y va a buscarle un café. Espera a que se despierte para darle un poco de beber. Como consecuencia de los eventos de los tres días prece-dentes, Manolín decide volver a salir a pescar con Santiago. Organizan sus futuras jornadas de trabajo. El viejo se vuelve a dormir y el joven se queda a su lado.

ESTUDIO DE LOS PERSONAJES

SANTIAGO

Santiago es un viejo pescador solitario que vive en una pobreza extrema. Físicamente es muy delgado, a pesar de tener unos hombros robustos y un cuello bastante fuerte. Tiene arrugas, las manos encallecidas y unos ojos «alegres e invictos» (Hemingway 1998, 8). Se viste con una camisa remendada y anda descalzo. Su cabaña, construida con corteza de palmera y sin agua corriente, se compone de un mobiliario muy rudimentario sobre el suelo de arcilla.

Santiago demuestra su humildad en la prueba que sufre. No demuestra vergüenza. Confía en sus capacidades de pescador, pero sabe que no puede luchar contra los dolores de la vejez, sobre todo la pérdida de fuerza física y la contracción de la mano izquierda. También sabe que es impotente contra la mala suerte. Sin embargo, es perseverante, tenaz y valiente. Es un hombre recto que lucha contra su suerte. Tiene sentido del humor.

Le gusta el mar y lo conoce bien, así como la fauna existente. Respeta toda forma de vida. El combate que tiene que librar con el pez espada le hace experimentar una especie de intimidad con el pez cuya fuerza admira.

En el mar, Santiago expone sus pensamientos en voz alta para burlar su soledad. El viejo suele soñar con sus aventuras pasadas y le gusta hablar de África. También le apasiona el béisbol. Santiago se plantea cuestiones sobre el bien y el mal, sobre la vida y la muerte y sobre su condición de ser humano busca su razón de ser y tiene la sensatez de preguntarse a sí mismo. Así, después del alboroto de los tiburones, se excusa ante el pez espada por haber demostrado mucho orgullo. Es un personaje que parece a la vez débil, humano y dotado de un poder casi sobrenatural.

MANOLÍN

A Manolín no se le describe físicamente. Es un joven que aprendió a pescar con Santiago a los cinco años. Le gusta mucho salir a pescar con el viejo que le deja asumir ciertas responsabilidades, pero sus padres le han obligado a embarcarse a un barco que traía peces gordos. Manolín se considera muy joven para desobedecerlos.

Sin embargo, el joven admira a Santiago y lo considera el mejor pescador. Siente también un gran afecto por el viejo, como un nieto por su abuelo. Por eso, Manolín cuida de Santiago y vela para que tenga lo que necesita: cebos, fuego, una cena por la noche y un café por la mañana. Este personaje, a pesar de su edad, parece tener una cierta madurez. Es valiente, sencillo y demuestra delicadeza hacia su mentor.

Después de las peripecias de Santiago en el mar, a Manolín le conmueven mucho los sufrimientos del viejo. Entonces, se rebela contra sus padres y decide volver a pescar con él. Si decide ofrecer ayuda al viejo, lo hace porque con Santiago puede perfeccionar su técnica de pesca. Además, los dos se llevan muy bien.

LOS OTROS PERSONAJES

Este libro tiene dos únicos protagonistas: Santiago y Manolín. Los otros personajes son el jefe de la cafetería, su camarero, unos turistas y tres hombres que se reducen a su nombre: Martín, Pedrico y Rogelio. La mayoría son personajes masculinos, la mayoría pescadores. Sólo se menciona a las mujeres: se habla de la mujer de Santiago, de la madre de Manolín y de una turista.

CLAVES DE LECTURA

LA SOLEDAD

El tema de la soledad aparece desde el principio del libro con la frase «Era un viejo que pescaba solo en un bote» (Hemingway 1998, 7). Esta soledad del viejo tiene varias causas:

- Santiago es viejo
- No ha pescado peces gordos desde hace varios meses, aunque sea su oficio
- Manolín, su compañero de pesca, tiene prohibido por orden de sus padres embarcar con él.

Santiago se encuentra en una soledad social: sólo conversa con Manolín y sólo tiene contacto con los demás a través del joven.

El viejo acepta esta situación, pero la sufre. Siente mucho la falta de su esposa: por eso guarda la fotografía de su mujer «bajo su camisa limpia» (Hemingway 1998, 15) para pensar menos en ella. Lamenta mucho la ausencia de Manolín en el mar. Por otro lado, sabe que esta soledad lo debilita, aunque la afronte con valor. Para evadirse de su soledad, Santiago habla solo o se dirige a los animales: el pájaro que se posa en su barca, el pez espada y los tiburones.

Esta soledad lo enfrenta a sí mismo. De hecho, en el mar Santiago está en un aislamiento profundo, un desamparo total. Su ser interior no se distrae con influencias externas.

Nada interfiere en su relación consigo mismo. El viejo pescador no puede escapar de su propia mirada sobre sí mismo, de su propia verdad.

LA NATURALEZA

En esta obra, la naturaleza es principalmente el mar, los elementos que contiene y el marco que ofrece el pescador, tanto de día como de noche.

Si este mar es de género masculino para varios (porque representa un peligro), para Santiago se puede comparar con una mujer que puede dar mucho, pero también puede mostrarse violenta cuando está coaccionada. Explica que él también, al igual que la mujer, está sometida al magnetismo de la Luna: «La luna, pensaba, le afectaba [al mar] lo mismo que a una mujer» (Hemingway 1998, 31). Pero, incluso para el viejo, el mar tiene dos caras: es tanto atractivo cuando está tranquilo y sereno como peligroso, porque puede acabar con un hombre y quitarle la vida.

Santiago aprecia la naturaleza y el mar, en el que tiene experiencia. Es sensible a los olores, a los sonidos y a las imágenes que emanan de él: por la noche, puede ver «la fosforescencia de los sargazos en el agua» (Hemingway 1998, 29) y su oído entrenado puede oír «el tembloroso rumor de los peces voladores» (Hemingway 1998, 29); durante el día, aprecia el azul de las colinas y el baile de las medusas de colores irisados. Además, su soledad refuerza su unión con el mar.

La naturaleza también le proporciona importantes indicaciones al pescador. Así, por ejemplo, el estado del cielo le permite predecir el tiempo, la corriente le ayuda a ubicarse y, en temporada, el vuelo del águila pescadora y los bancos de peces le conducen hacia una zona donde tiene oportunidad de encontrar piezas gordas. En la naturaleza también extrae su fuerza: se alimenta de huevos de tortuga, de aceite de hígado de tiburón y de peces, y cuenta con el sol y la sal del agua para secar sus heridas.

Aunque esta condición le fuerce a matar animales, Santiago se siente profundamente unido tanto moral como afectivamente a ellos. Como ellos, pertenece al mundo de las criaturas vivas y está obligado a luchar por su supervivencia. Por otro lardo, durante su lucha con el pez, dice: «No me importa quién mate a quién» (Hemingway 1998, 106) porque para él se trata de un duelo en el que se juegan la vida y la muerte de todos los combatientes. Por otro lado, a Santiago le gusta el pez espada contra el que lucha: aprecia su fuerza, su resistencia y su perseverancia en querer liberarse.

Sin embargo, hay que destacar que la muerte del pez espada le causa un problema moral. Santiago quiere justificar su acto, sobre todo porque la astucia le ha permitido vencer al pez. ¿Es un fallo? «Si lo amas, no es pecado matarlo. ¿O será más que pecado?», se pregunta (Hemingway 1998, 121). ¿Ha ido demasiado mar adentro, ha sido demasiado ambicioso al querer afirmar su dignidad de pescador? ¿Al llevar a cabo su oficio, al matar sin aversión a un pez que respeta y con el que incluso siente una unión fraternal se comete un crimen? ¿El ataque de los tiburones ha sido el castigo por un fallo que haya cometido Santiago? El viejo medita de esta forma sobre el bien y el mal.

LA DERROTA Y LA VICTORIA

Cuando Santiago sale vencedor de su lucha con el pez espada, está muy alegre porque ha cumplido su sueño. Pero, al darse cuenta de que no puede impedir que los tiburones se coman a su presa, su decepción es grande. Cuando sólo lleva al puerto las espinas, aunque sean gigantescas, en el pescador aflora un sentimiento de fracaso que eclipsa la victoria sobre el pez.

Esta situación da un vuelco positivo cuando Manolín le hace ver al viejo que ha sido más fuerte que el pez. De esta manera, la derrota se convierte en victoria, puesto que el viejo va a poder elaborar nuevos proyectos de pesca en mejores condiciones con el joven. También es una victoria en el sentido de que Manolín siempre reconoce su valentía y su talento como pescador. Al final Santiago consigue una victoria sobre sí mismo: ha traspasado sus propios límites y ha ganado sabiduría al tomar conciencia de su orgullo.

Cabe destacar que también es una victoria para Manolín, que se rebela y se vuelve capaz de desafiar la prohibición de sus padres.

EL VALOR Y EL ESTOICISMO

«Pero el hombre no está hecho para la derrota [...] Un hombre puede ser destruido, pero no derrotado » (Hemingway 1998, 118), dice Santiago. Y, en efecto, al superarse, el hombre ha podido triunfar sobre un pez gigantesco. Su voluntad, su fuerza moral, su resistencia al dolor físico y su conocimiento de las necesidades de su cuerpo (beber, comer y descansar) le han permitido romper sus límites. Su espíritu siempre queda abierto en una sola dirección: cumplir con su oficio con dignidad, sin rencor, con el respeto del adversario. Nunca se desvía de su objetivo y nunca cede: «Tienes que resistir», se dice (Hemingway 1998, 101). Santiago soporta su destino con un valor heroico, por difícil que sea, sin quejarse («Calma y fuerza, viejo», p. 104), aunque contemple morir: «Pez, vas a tener que morir de todos modos. ¿Tienes que matarme también a mí? » (Hemingway 1998, 105). Así demuestra su estoicismo. Se trata de una corriente filosófica de la Antigüedad clásica que exhorta al hombre a vivir según las leyes del universo, a aceptar la fatalidad sin quejarse, a superarse y convertirse en maestro de sí mismo sin temer a la muerte.

La actitud de Santiago se parece a estos versos de «La muerte del lobo» (Les destinées) de Alfred Vigny (escritor francés, 1791-1863): «Cumple bien la misión penosa y ardua/ Que te ha tocado en suerte, y luego... luego/ Sufre y muere, cual yo, sin decir nada»

LA MUERTE

La muerte es el tema central del libro y se manifiesta de forma explícita: las tortugas de mar matan a las medusas, las doradas se comen a los peces voladores, el águila pescadora se alimenta de peces, Santiago mata al pez espada y a los tiburones. Además, en su lucha contra el pez gordo, también ve la muerte de frente: debe matar o morir. La muerte se mezcla con la vida: no podemos escapar.

Pero también se alude a la muerte implícitamente. Santiago es un viejo e, independientemente del peligro que corre al combatir solo en alta mar contra un pez gigantesco, sabe que la vida no es eterna, que su edad y sus condiciones de vida difíciles lo acercan al fin. El contraste entre la juventud de Manolín, que tiene toda la vida ante sí y que tiene «todavía (...) mucho que aprender» (Hemingway 1998, 143), y la edad avanzada del protagonista refuerza la idea de la inminencia de la muerte de este último. Por otro lado, podemos preguntarnos cómo interpretar su sueño al final del libro.

Cabe destacar que este texto también contiene la muerte de un gran sueño de Santiago, el de poder pescar un pez enorme estando solo en una pequeña embarcación.

PISTAS PARA LA REFLEXIÓN

ALGUNAS PREGUNTAS PARA PROFUNDIZAR EN SU REFLEXIÓN...

- ¿Considera esta obra un cuento o una novela? Justifique su respuesta.
- Compare esta obra con la vida del autor. ¿Contiene fragmentos autobiográficos? ¿Podría decirse que se trata de una autobiografía?
- Según usted, ¿podemos calificar esta obra de relato épico?
- El autor ya ha contado historias de pesca en otros libros publicados antes que *El viejo y el mar*. ¿Cuáles? Compare estos relatos con la novela.
- Séneca, autor romano, escribe en *Sobre la providencia*: «Los destinos nos guían (...) Por tanto, hay que tolerarlo todo con valor». ¿Encuentra un eco de este pensamiento en *El viejo y el mar*? Explíquelo.
- En *Adiós a las armas*, Hemingway escribe: «Es cuando a uno le vencen cuando se vuelve cristiano». ¿Se le puede aplicar a Santiago esta cita?
- Ernest Hemingway y André Malraux (escritor y político francés, 1901-1976) participaron en la guerra civil española. Esta experiencia les inspiró a cada uno un libro. ¿Cuáles? ¿Tienen puntos en común estas obras?
- Según usted, ¿se puede considerar a Santiago un héroe?

¡Su opinión nos interesa!
¡Deje un comentario en la página web de su librería en línea,
y comparta sus favoritos en las redes sociales!

PARA IR MÁS ALLÁ

EDICIONES DE REFERENCIA

- Hemingway, Ernest. 1998. *El viejo y el mar*. Traducido por Lino Novas Calvo. Barcelona: Planeta.

ESTUDIOS DE REFERENCIA

- Hily-Mane, Geneviève. 1991. *Le Vieil Homme et la Mer d'Ernest Hemingway*. París: Gallimard, colección *Foliothèque*, 1991.
- Astre, Georges-Albert y H. Jansen-ebing. 1969. *Hemingway*. París: Hachette, colección *Génies et Réalités*, 1969.

ADAPTACIONES

- *El viejo y el mar*. Dirigida por John Sturges, con Spencer Tracy y Felipe Pazos, 1958.
- *El viejo y el mar*. Telefilm dirigido por Jud Taylor, con Anthony Quinn, 1990.
- *El viejo y el mar*. Película de animación dirigida por Alexandre Petrov, 1999.

ResumenExpress.com

Muchas más guías para descubrir tu pasión por la literatura

www.resumenexpress.com

Made in the USA
Monee, IL
07 July 2026